İŞ MODELI KANVASI

Bu basit modelle işinizin gelişmesine izin verin

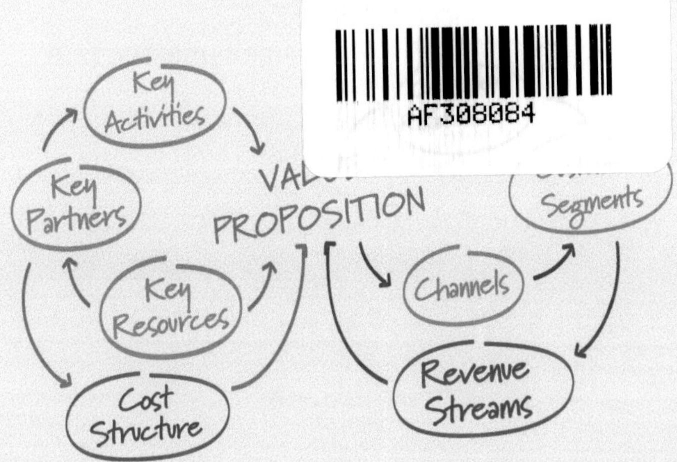

50MINUTES.com

İŞ MODELI KANVASI

Bu basit modelle işinizin gelişmesine izin verin

tarafından yazılmıştır Magali Marbaise
tarafından çevrildi Baris Şahin

İŞ MODELİ KANVASI   **4**

Anahtar bilgiler   4
Giriş   5
Modelin tanımı   5

TEORİ   **7**

Dokuz araç   7

PRATİK UYGULAMA   **13**

İpuçları ve en iyi uygulamalar   13
Örnek olay incelemesi   15

SINIRLAMALAR VE GENİŞLETMELER   **22**

Sınırlamalar ve eleştiriler   22
İlgili modeller ve uzantılar   23

ÖZET   **25**

DAHA FAZLA OKUMA   **27**

Kaynakça   27
Ek kaynaklar   28
Videolar   28

İŞ MODELİ KANVASI

ANAHTAR BİLGİLER

- **İsim:** İş Modeli Kanvası, BMC.

- **Kullanım Alanları:** İş Modeli Kanvası, yeni iş modellerini kavramsallaştırmak veya mevcut olanları belgelemek için kullanılan değerli bir stratejik araçtır. Bir şirketin değerini ve temel faaliyetini göstererek bir ürünün, bir girişimin veya yeni bir sürecin başlatılmasıyla ilgili kararlara rehberlik etmeye yardımcı olur.

- **Neden başarılı?** Aracın görsel sunumunun basitliği ve netliği, tek başına veya bir ekibin parçası olarak kullanılmasını kolaylaştırır.

- **Anahtar kelimeler:**

  - <u>İş modeli</u>: Bir şirketin değer yarattığı model. Ana işi geliştirmeye yönelik bir strateji aracılığıyla bu değer, müşterilerini memnun edebilen şirketler için finansal ödüller olarak kendini göstermelidir.

  - <u>İş planı</u>: Pazar analizlerine ve titizlikle toplanmış ve incelenmiş verilere dayalı olarak bu stratejiyi özetleyen resmi bir belgede yazılı bir projeksiyon.

  - <u>Tuval</u>: Bir öğeler koleksiyonunu yapılandırılmış bir şekilde bir araya getiren temel bir taslak.

GİRİŞ

Şirketlerinde yükselmek ve devrim niteliğinde, yüksek değerli fikirleri uygulanabilir kılmak isteyen hırslı çalışanların yanı sıra şirketlerini yeniden canlandırmak veya pazar paylarını artırmak isteyen girişimciler, işlerinin nasıl işlediğini, nasıl büyüme sağladığını ve hangi büyüme kaldıraçlarının en faydalı olduğunu derinlemesine anlamaktan fayda sağlayacaktır. İş Modeli Kanvası bu anlayışı geliştirmenin mükemmel bir yoludur.

Bu stratejik araç Alexander Osterwalder (Avusturyalı teorisyen, 1974 doğumlu) ve Yves Pigneur (Belçikalı bilgisayar bilimcisi ve Lozan Üniversitesi profesörü, 1954 doğumlu) tarafından *İş Modeli Üretimi* (2010) adlı çok satan kitaplarında geliştirilmiştir. Esas olarak (sadece girişimciler tarafından olmasa da) girişimciler tarafından kullanılmakta ve fikirlerini yenilikçi ve rekabetçi projelere dönüştürmelerini sağlamayı amaçlamaktadır. Bunu yapmak için yazarlar, İş Modeli Kanvasını kullanan her şirketi, müşterileri ve kendileri için yarattıkları değer üzerine düşünmeye teşvik etmektedir. Bu model, yapının güçlü bir şekilde hiyerarşik olmadığı küçük işletmelerde veya yeni kurulan şirketlerde faaliyet gösterenler için özellikle uygundur: kanvas, işletmenin farklı bileşen parçalarını ifade ederek geleneksel modellerin çoğundan daha sistematik bir yaklaşım sunar.

MODELİN TANIMI

Yöntemin yaratıcılarına göre, bu çerçeve kuruluşların değer yaratmasına, sunmasına ve yakalamasına olanak sağlamaktadır (Osterwalder ve Pigneur, 2010).

İş Modeli Kanvası, görsel ve tasarım odaklı düşünme trendinin bir parçasıdır. Bu, doğrusal olmayan süreci sayesinde herkes için erişilebilir, okunabilir ve anlaşılması kolay bir görsel sistemin oluşturulmasını sağladığı anlamına gelir. Bu kanvas, girişimcilerin iş modellerini tek bir sayfa üzerinde düşünmek ve inşa etmek için kullanabilecekleri bir araçtır: daha hızlı ve etkili bir şekilde eyleme geçmek için fikirlerini şablondaki kutularda kolayca düzenleyebilirler. Yapım aşamasındaki modellere genel bir bakış sunması, önceliklerin net bir şekilde tanımlanmasını, somut eylem planlarının oluşturulmasını ve bir iş planının gelecekteki gelişimini büyük ölçüde basitleştiren yaratıcı ve uyarlanabilir bir yaklaşımı kolaylaştırır. Bu araç aynı zamanda müşterilerle etkileşimi geliştirir ve çalışanlar arasındaki iletişimi artırır.

TEORİ

Tüm şirketler başarının anahtarlarına sahip olmayı hayal eder ve bunlar ne kadar basit olursa o kadar iyidir! Her ne kadar bu çerçeve tamamen rekabetçi yönü dikkate almasa da, yine de çok ilginç, pratik ve herkes için erişilebilirdir.

DOKUZ ARAÇ

Matris, bir şirketin tüm faaliyetlerini gösteren birbiriyle ilişkili dokuz bloktan oluşur:

- anahtar faaliyetler
- anahtar ortaklıklar
- anahtar kaynaklar
- müşteri segmentleri
- kanallar
- müşteri ilişkileri
- değer önerisi
- maliyet yapisi
- gelir akışları.

Açıkça farklılaştırılmış ve tanımlanmış kutular tuval üzerinde dikkatli ve hassas bir şekilde düzenlenmiştir. Bu düzen, aralarında sinerji yaratarak bu uygulamayı deneyen her şirket için benzersiz bir strateji ortaya çıkarır.

Değer yaratmak

- **Temel faaliyetler.** Temel faaliyetler şirket için çok önemlidir, çünkü bunlar aracılığıyla dolaylı olarak gelir getiren bir müşteri değer önerisi yaratılır. Bu faaliyetler iş modelinin türüne bağlı olarak değişir. Örneğin, bir sigorta şirketinde kilit faaliyet, müşteri varlıklarını korumak ve kayıp durumunda onları tazmin etmektir; bir hastane ise hastaların sağlığından sorumlu olacaktır. Osterwalder'e göre faaliyetler üç farklı kategoride sınıflandırılabilir:

  - Bir ürünün üretimiyle doğrudan ilgili olanlar;

  - Müşteri ihtiyaçlarını karşılamak için çözümler (hizmetler) geliştirmek isteyenler;

  - Tamamen veya kısmen internet üzerinden gerçekleşenler (çevrimiçi alışveriş siteleri veya bankalar).

- **Kilit ortaklıklar.** "İki başlılık bir başlılıktan iyidir" sözü evrenseldir ve profesyonel dünyada, şirketlerimiz içinde özel bir yankı uyandırır. Özenle seçilmiş, rekabetçi ve güvenilir ortaklarla iyi ilişkilere sahip olmak ve bu ilişkileri sürdürmek, iş modelini güçlendirerek kuruluşun kendi pazarındaki konumunu güçlendirir. Ortaklığın niteliği şirketin amaçlarına bağlıdır:

  - Ölçek ekonomilerini teşvik etmek veya faaliyetleri yeniden odaklamak için alt yüklenicilik;

  - Rekabet ortamına bağlı risk ve belirsizliği azaltmak için birleşmeler;

- Bazı faaliyetlerin başka şirketlere yaptırılmasına olanak tanıyan belirli kaynakların ve faaliyetlerin satın alınması. Buna bir örnek olarak, tazminat taleplerini ödemek için harici bir değerlendirme ofisi kullanan bir sigorta şirketi verilebilir.

    - Çeşitli kilit ortak profilleri vardır. Ortak ister bir şirket ister bir birey olsun, önemli olan bir şirketin gelişimini kolaylaştıracak destek, tavsiye vb. sağlamalarıdır: bankalar, yatırımcılar, ortaklar, tedarikçiler ve hatta müşteriler ve aynı zamanda rakipler.

- **Temel kaynaklar.** Bunlar şirketin dayandığı ve ekonomik faaliyetini sürdürmesini veya değer zincirini başarıyla yürütmesini sağlayan varlıklarıdır. Dolayısıyla, şirketin sağlığı - hem finansal hem de insani, entelektüel (patentler vb.) veya maddi - ile bir değer önerisini (yeniden) başlatmak için mevcut kaynaklar arasında bir dereceye kadar karşılıklı bağımlılık vardır. Bu mantığı izleyerek, küçük ve orta ölçekli işletmeler, müşterileriyle düzenli kişisel temasa odaklanmak için ekiplerinin (insan kaynakları) nispeten küçük boyutundan en iyi şekilde yararlanacaktır. Buna karşılık, bir BT şirketi değer önerisini geliştirmek için işlemciler, soğutucular veya depolar gibi maddi kaynaklara odaklanmayı tercih edebilir.

- **Müşteri segmentleri.** Şirketlerin çoğu refahlarını, birçok ekonomik faaliyetin arkasındaki itici güç olan müşterilerine borçludur. Bu nedenle onları iyi tanımak, beklentilerini belirlemek ve ihtiyaçlarını en iyi şekilde karşılayan bir teklif sunmak önemlidir.

Kuruluş, bunlardan yola çıkarak aynı veya benzer ihtiyaçlara sahip müşteri segmentleri oluşturur ve özellikle hangi grupları hedefleyeceğini seçer.

 ## SEGMENTLERIN TANIMLANMASI VE SEÇILMESI

Kitle pazarı, niş pazar, çeşitlendirilmiş pazar vb. gibi farklı müşteri segmentleri vardır. Seçilen faaliyet türüne, mali kapasitesine ve ekonomik duruma bağlı olarak, şirket bir segmenti veya diğerini hedefleyecektir. Örneğin, lüks bir restoran ağırlıklı olarak varlıklı müşterileri çekmeye çalışırken, bir brasserie daha uygun fiyatlı bir menü sunacaktır (farklı bir şey sunmaya ve farklı bir müşteri türünü hedeflemeye istekli değilse; bu durumda, örneğin daha yüksek kaliteli şaraplar sunarak ve iletişiminde bu seçimi vurgulayarak farklı bir yaklaşımı tercih edecektir). Segment seçimi coğrafi konuma da dayanabilir: üst düzey bir restoranın kurulması bazı yerlerde diğerlerine göre daha uygun görünmektedir (şehir merkezinde veya kırsalda).

• **Kanallar.**

  ○ Değer teklifleri müşterilere kanallar aracılığıyla ulaştırılır. Reklam, sosyal ağlar vb. şirket ile müşterileri arasındaki önemli 'arayüzlerdir'.

• **Müşteri ilişkileri.** Müşteri ilişkilerinin optimizasyonu her şirket için favori bir konudur. Değer önermelerinin tüketicileriyle ilişkilerin geliştirilmesi, onların sadakatini teşvik eder ve böylece bir bakıma şirketin sürdürülebilirliğini garanti altına alır. Bir ilişki, müşteri ile ürün/hizmet/işletme arasında tekrarlanan temaslar yoluyla kurulur; bu temaslar ister tüketim veya deneyim isterse de teklifin etrafındaki pazarlamaya maruz kalma şeklinde olsun. Bu nedenle her şirket, mevcut ve gelecekteki müşteri ilişkilerini tanımladığı somut bir politika oluşturmalıdır. Bu ilişkiler, daha kişiselleştirilmiş bir yaklaşım, self-servis ve standardizasyon dahil olmak üzere çeşitli şekillerde olabilir.

- **Değer önermesi.** Değer önermeleri, şirketin müşterilerine sunduğu (sattığı) hizmetler veya ürünlerdir.

 **DEĞER NEDIR?**

Değer, bir şirketin büyümesini ve katma değer arayan müşterileri kazanmasını ve elinde tutmasını sağlayan şeydir: paranın karşılığı, marka, hizmet kalitesi ve verimlilik. Bu nedenle, bu değeri gerçekleştirmek için piyasada hangi ihtiyaçların karşılandığını - ve hepsinden önemlisi hangi ihtiyaçların karşılanmadığını - bilmek ve rakiplerin neler sunduğunu analiz etmek önemlidir.

Finansal denge

- **Maliyet yapısı.** İş modelinin pek çok bölümü maliyet doğurur ve yaratır (reklam buna iyi bir örnektir).

- **Gelir akışları.** Bu kutu aşağıdaki soruların cevaplarını içerecektir: Gelir kaynakları nelerdir? Müşteriler hangi ürünler için hangi fiyatı ödemeye isteklidir?

Herhangi bir işletmenin hayatta kalması buna bağlı olduğundan, gelir akışları oluşturmak çok önemlidir. En yaygın teklifler arasında mal satışı, kullanım hakkı (müşteriler ürün veya hizmeti kullanmak için ödeme yapar), abonelikler, kiralamalar/krediler vb. yer alır. B2C ilişkisinden elde edilen bu gelirin ötesinde, reklam ve sponsorluk gibi B2B ortaklıklarından elde edilen gelir de ihmal edilmemelidir.

PRATİK UYGULAMA

İPUÇLARI VE EN İYİ UYGULAMALAR

Bir BMC çalıştayı düzenlemek

Daha önce de belirtildiği gibi, bu model interaktiftir: şirketten katılımcılar oturur, matrisi büyük bir kağıda çizer, bunu bir duvara yapıştırır veya masanın ortasına yerleştirir, tartışır, etkileşime girer ve fikirlerini modele 'yapıştırır'. Osterwalder tarafından önerilen Post-it® yöntemi, bu grup çalışması bağlamında çok etkili görünmektedir: tartışma ilerledikçe ve farklı noktalara değinildikçe fikirler çıkarılabilir, değiştirilebilir ve taşınabilir. Atölye çalışması sırasında İş Modeli Kanvası 'sabit' kalmaz, bunun yerine her seferinde bir Post-it® Notu oluşturulur (Osterwalder ve Pigneur, 2010), çünkü:

- Kullanıcılar kendilerine bir dizi soru sorarak modeldeki her bir kutuya ne yerleştirmeleri gerektiğini aktif bir şekilde düşünürler. Örneğin, değer önerisi için, şirketin müşteriye sağladığı değer, çözmeyi önerdikleri sorun, yanıt verdikleri ihtiyaçlar vb. hakkında düşünmek ilginç olacaktır. Bu noktalar mümkün olduğunca derinlemesine ele alınmalıdır.

- Her katılımcının, düşüncelerini meslektaşlarıyla paylaşmalarına ve aynı zamanda fikirlerini organize etmelerine olanak tanıyan bir yapışkan not defteri ve bir kalemi vardır. Bu yaklaşımda iş modeli beyin fırtınası yapılarak ve fikirler not edilerek geliştirilir. Ana fikir, sadeliğin yaratıcılığı teşvik etmesidir. Amaç aynı zamanda şirketin tüm kademelerindeki çalışanları sürece dahil etmektir.

Son olarak, şirketler modellerini düzenli olarak test etmeyi unutmamalıdır. Hipotezler ortaya koymak, şirket geliştikçe iş modeline ince ayar yapılmasını sağlar.

 ## YAZARLARDAN TAVSIYELER

Yeni bir iş modeli oluşturmak ve uygulamak için Osterwalder ve Pigneur beş aşamada çalışmayı önermektedir:

Projenin kesin amaçlarını tanımlayarak, ilk fikirleri test ederek, projeyi planlayarak ve farklı profillere sahip deneyimli ve hevesli kişilerden oluşan bir ekip kurarak **harekete geçirme**;

Pazar araştırması ve kesitsel analizler yoluyla **anlayış**;

Tasarım; keşfetmeyi, test etmeyi ve rahatlatıcı olan ancak insanların bazı şeyleri farklı görmesini engelleyen önyargılı fikirlerden vazgeçmeyi içerir;

Bir iş planı ve finansal plan uygulayarak **oluşturmak;**

İş modelini ayarlamak ve hatta muhtemelen yeniden düşünmek için durumu günlük olarak titizlikle izleyerek **yönetmek**.

Hızlı öneriler

Bir lider, şirketinin iş modelini yeniden gözden geçirmeyi düşündüğünde, her zaman şunları yapmalıdır:

* yaklaşımlarının meşru, ilgili ve tutarlı olduğundan emin olmalıdır;

* Kapsamlı bir genel bakış elde etmek ve değişime karşı olası direnci önlemek için şirketin tüm kademelerinin aktif katılımını sağlamak;

* Tartışmaları yönetebilecek ve katılımcıları zorlayabilecek tarafsız bir arabulucu çağırın;

* Sıfırdan başlayıp başlamamaya karar vermek için halihazırda var olanları değerlendirin;

* Yeni yönergeleri uygularken sorunsuz bir geçiş sağlamak için projeden kimin sorumlu olacağına karar verin.

ÖRNEK OLAY İNCELEMESİ

Bu vaka çalışması, roman, sanat ve müzik kitapları, akademik kitaplar ve bilimsel kitaplar satan, uzmanlık alanı olmayan bir kitapçıyı konu almaktadır. Bu mağaza, edebiyatla ilgili tavsiyelerinin kalitesinin yanı sıra okul ve üniversite ders kitaplarından oluşan geniş kataloğuyla da tanınmaktadır.

Kitap sektörü son yıllarda online satışların başlaması gibi birçok değişikliğe uğradığından, kitapçılar giderek daha az meşgul olmaya başlamıştır. Buna ek olarak, söz konusu satış noktası zorlu bir rekabetle karşı karşıya: küçük bir bölgede çok sayıda kitapçı var ve her biri çeşitlenerek veya uzmanlaşarak öne geçmeye çalışıyor. Özellikle okul kitapları pazarında doğrudan bir rakip ortaya çıkmıştır. Bu nedenle mağazanın açık kalabilmek için iş modelini yeniden gözden geçirmesinin zamanı gelmiştir.

Kitabevinin müdürü iş modelini gözden geçirmeye karar verir ve durumu gözden geçirmek için personelini (iletişim ekibi, muhasebeci, kitapçılar, resepsiyon ekibi, vb. Birlikte, kanvası doldurmak ve mevcut iş modelini güncellemek için bir dizi soru sormaları gerekir. Burada model üzerindeki herhangi bir kareden başlayabileceklerini belirtmek önemlidir.

 **LİDERLER İÇİN TAVSİYELER**

Osterwalder bazı tuzaklara karşı uyarıyor:

Aşırı cesur fikirlerden, onları sistematik olarak reddedecek kadar korkmayın. Daha fazla risk oluştursalar da, genellikle daha ilginçtirler. Ancak bu, daha fazla düşünmeden onları onaylamak anlamına gelmez. Örneğin, başlangıçta test edilebilir, daha sonra etkili oldukları kanıtlanırsa ayarlanabilir ve uyarlanabilirler.

Otomatik olarak sıfırdan başlamayın, çünkü önceki modelden korunacak bazı yararlı unsurlar olabilir.

Belirli ekip üyelerini dışlamayın, çünkü en iyi fikirler genellikle paylaşım yoluyla ortaya çıkar.

Sadece kısa vadeye odaklanmayın. Her iş modeli tasarımında olduğu gibi, uzun vadeye bakmak riskleri sınırlar.

Eski iş modelinin analizi

Tartışmalar ilerledikçe, tuval dolar ve mevcut iş modelinin güçlü ve zayıf yönleriyle birlikte mevcut durumun genel bir görünümünü ortaya çıkarır.

- **Müşteri segmentleri. Kitabevinin en büyük müşterileri kimlerdir? Hangi segmentlere ulaşılıyor? Kimler için değer yaratıyorlar?** Bu durumda, ana müşteriler, öğrencilerini doğrudan bu kitapçıya gönderen okullar ve üniversitelerden gelmektedir. Kütüphaneler ve sadık müşteriler - çoğunlukla emekliler - tavsiyelerinden faydalanmak için düzenli olarak ziyaret etmektedir.

  - İstikrarlı pazar: Kütüphaneler ve sadık müşteriler.

  - Her yıl yeniden ele geçirilecek pazar: üniversiteler.

  - Kitabevinin adını bilen veya daha önce ziyaret etmiş olan ve az çok rastgele zamanlarda (belirli bir kitap veya sipariş, göz atma, hediye vb.) yılda bir veya daha fazla gelen bireylerden veya genel halktan gelen ziyaretler.

- **Değer önerisi. Kitabevinin katma değeri nedir?**

  - Sadık müşteriler, halk ve kütüphaneciler için akıllıca bir tavsiye.

- Bazı kütüphaneciler ve okullar ya da üniversiteler için (ve dolayısıyla dolaylı olarak öğrenciler için) 'rakipsiz fiyatlar'.

- **Kanallar. Mağaza müşterilerle nasıl iletişim kuruyor? Hangi kanalları kullanıyor?** Şu anda kullanılan kanallar temel olarak e-posta ve telefon. Üniversiteler ve kütüphanelerle genellikle uzaktan iletişim kurulurken, kitap satıcıları mağazayı ziyaret eden müşterilerle doğrudan temas yoluyla çalışmaktadır.

- **Müşteri ilişkileri. Kitabevinin müşterileriyle ne tür ilişkileri var?** Sadık müşterilerle ve kütüphaneler ve üniversiteler gibi kurumlarla güven ilişkisi sürdürür. Bu ilişkilerde herkes fayda sağlar: şirket maliyetlerini düşürebilir, kütüphaneler ve üniversiteler ise kitaplarını en iyi fiyattan satın alabilir. Müşteri ilişkileri müşteriye göre uyarlanır.

- **Gelir akışları. Müşteriler ne için ödeme yapıyor? Nasıl ödeme yapıyorlar?** Mallar doğrudan satılır: müşteriler doğrudan gişede veya kütüphaneler ve üniversiteler için fatura ile ödeme yapar. Müşteriler, alışkın oldukları ve takdir ettikleri bir hizmet ve tavsiye aldıklarını bilerek ödeme yaparlar.

- **Anahtar kaynaklar. Kitabevinin değer önerisi hangi temel kaynakları gerektiriyor?**

  - Bir kitapçının temel kaynakları, özellikle günümüzde, öncelikle insan kaynaklarıdır. Müşteriler oraya tavsiye almak ve kitapçıyla özel bir ilişki sürdürmek için giderler.

- İkinci kilit kaynak ise finansaldır (üniversitelere ve kütüphanelere yapılan satışlar üzerinde özel bir etkisi olan tedarikçilerle görüşülen satış fiyatları ve indirimler).

- **Temel faaliyetler. Kitabevinin değer önermesinden kaynaklanan temel faaliyetler nelerdir?** Üniversiteler ve kütüphaneler için en iyi fiyatı sağlamak amacıyla yönetici, rakiplerin sunduğu fiyatlar ve hizmetler hakkında düzenli pazar araştırması yapar. Ayrıca, tavsiyelerin kalitesi kitap satıcılarının uzmanlığına bağlıdır.

- **Kilit ortaklıklar. Kitabevinin kilit ortakları kimlerdir? Kimlerle birlikte çalışıyor? Hangi ortaklar değer yaratmasına yardımcı oluyor? Kitapçı,** uzman tedarikçilerden oluşan bir ağ ile güvenilir ilişkiler kurmuştur. Ekonomik durumları birbiriyle yakından bağlantılıdır: Kitabevinin satışlarındaki bir düşüş tedarikçiler için gelir kaybına neden olur. Bu nedenle tedarikçiler düzenli olarak gözden geçirilmesi gereken bir sipariş listesi hazırlamıştır, çünkü bu liste her zaman kitapçının gerçek satışlarına (mağazanın satmayı başaramadığı fazla kitaplar) karşılık gelmemektedir. Bu nedenle, özellikle de kitabevinin ödemelerini geciktirmesi halinde bazı tedarikçilerin siparişleri 'bloke' etmesi nedeniyle bir denge bulunmalıdır (bu elbette daha az stok anlamına gelir, bu da daha az satışa neden olur ve böylece bir kısır döngü yaratır). Bu nedenle tedarikçilerle güvene dayalı bir ilişki sürdürmek hayati önem taşımaktadır. Dağıtımcılar da önemli bir rol oynamaktadır, çünkü kitabevinin söz verdiği teslimat sürelerine uyması zorunludur. Bu açıdan, iki ila üç iş günü içinde teslimat garantisi veren web siteleri ile rekabet zorludur. Kitabevi şu anda uzun gecikmelerden muzdarip olduğu için bu nokta geliştirilebilir.

* **Maliyet yapısı. Kitabevinin ana maliyetleri nelerdir? En pahalı faaliyetler nelerdir?** Kitap satıcıları siparişlerle doğrudan ilgilenir. Müdür, daha büyük miktarlarda sipariş vermek için üniversitelerden gelen özel talepleri ele alır. Satın alma maliyetleri, siparişlerin hacmine ve tedarikçi tarafından sunulan indirimlere bağlı olduğu için değişmektedir: şu anda çok yüksektir. Maaş maliyetleri de önemli, çünkü çalışanların yaş ortalaması nispeten yüksek.

İş modelinin uyarlanması

Katılımcılar için her şey mümkün görünmektedir: iş modelini güncellemek için gerekli soruları sormaya cesaret etmeleri yeterlidir. Düşünmeye tuval üzerindeki kutulardan herhangi biriyle başlayabilirler. İdeal olarak, kanvasın her bir kutusu için yeniliklerin hayal edilmesini sağlamalı ve ardından duruma en uygun öneriyi seçmelidirler.

Böylece, her bir kitabevi çalışanının çeşitli fikirlerini içeren yapışkan notların eklenmesi, çıkarılması ve taşınmasıyla, model daha nesnel bir şekilde temsil edilir ve bu da yeni yapıcı sinerjiler yaratır.

Büyük değişiklikler:

İş modelinin bu yeni versiyonu, müşteriyi kaygılarının merkezine yerleştirmektedir: değer önerisini optimize etmeyi, müşteri ilişkilerini geliştirmeyi vb. amaçlamaktadır. Şirketler tarafından genellikle göz ardı edilen veya bir tarafa bırakılan bu son boyut, stratejik seçimlere akıllıca rehberlik edebilir. Yeni yapılandırma, kitapçının karşılaştığı sorunlara daha duyarlıdır, çünkü okumak için farklı nedenleri olabilen müşteri (sadık, yaşlı müşteriden daha genç ve/veya artık kitapçıya gitmeyen yeni bir segmentin gelişimine kadar) ekonomik yapının merkezine yerleştirilmiştir. Kitabevinin öncelikle temel faaliyetlerini (okumalar, edebi etkinlikler, çalışan eğitimi), maliyet yapısını (web sitesi, maaş maliyetleri), temel ortaklarını (distribütörler, tedarikçiler, rakipler), iletişim kanallarını (web sitesinin geliştirilmesi) vb. gözden geçirmesi gerekmektedir.

SINIRLAMALAR VE GENİŞLETMELER

SINIRLAMALAR VE ELEŞTİRİLER

- **Stratejik yöne odaklanılmaması.** Daha önce de belirtildiği gibi, BMC işin stratejik yönünü göz ardı etmektedir. Değer önermesini yaklaşımının merkezine yerleştirir ve her işletmenin birincil arzusunun para kazanmak olduğunu varsayar. Bu, şirketlerin hayatta kalması için gerekli olmasa da önemlidir, ancak hepsi kârlılığı gündemlerinin en üst sırasına koymaz. Bu durum özellikle kar amacı gütmeyen dernekler için geçerlidir. Stratejik yaklaşım herhangi bir şirketin gelişimi için önemlidir ve bunu göz ardı ederek belki de dikkate almadığımız önemli müşteri segmentlerini kaçırma riskiyle karşı karşıya kalırız.

- **Tüm şirketlere uygulanamaz.** My-Business-Plan.fr sitesine verdiği bir röportajda Philippe Moricou'ya (ESSCA'da Strateji Profesörü) göre, BMC'nin çok disiplinli kuruluşlardan ziyade yeni kurulan şirketler gibi tek faaliyetli şirketlere daha kolay uygulanabileceği görülmektedir. Moricou bunun matrisin basitliğinden kaynaklandığına inanıyor. Gerçekten de, farklı faaliyetler arasındaki potansiyel sinerjiler, modeldeki nispeten basit kutulara sığmayabilir.

- **Rekabetin dikkate alınmaması.** İş Modeli Kanvası şirketin yapısına ve iç işleyişine odaklanır ve rekabet gibi dış faktörleri dikkate almaz (veya sadece çok sınırlı ölçüde dikkate alır). Ancak, modeli oluştururken rekabet hakkında düşünmek önemlidir, çünkü bu seviyedeki bir değişiklik, örneğin şirketin hedeflerini gözden geçirmesini gerektirerek model üzerinde doğrudan bir etkiye sahip olabilir. Vaka çalışmamızda şirket, değer önerilerini etkileme riski taşıyan artan rekabet nedeniyle iş modelini gözden geçirmek istemiştir.

* **Statik analiz.** BMC, incelenen işin evrimini hesaba katmaz: belirli bir zamandaki duruma genel bir bakış sağlar ve bu nedenle uzun vadeli görüşü tamamen göz ardı eder.

İLGİLİ MODELLER VE UZANTILAR

İş Modeli Kanvası, özellikle stratejik bir boyutun olmaması gibi bazı sınırlamalara sahip olduğundan, birbirlerini tamamlayabilmeleri için diğer araçlarla birleştirilmesi düşünülmelidir.

Stratejiyi yönlendirmek için BCG matrisi

Dört tip stratejik iş alanına (yıldızlar, soru işaretleri, nakit inekleri ve köpekler) dayanan bu model, stratejik seçimleri etkileyen bu gerçekleri dikkate almayan BMC'yi tamamlayabilir. BCG matrisinin ana fikri, hem ürünün pazarını hem de ürünün pazardaki büyüme beklentilerini değerlendirmektir. Şirket bu parametreleri ürün portföyündeki öncelikleri belirlemek ve uzun vadede değer yaratılmasını ve nakit akışının yönetilmesini sağlamak için kullanır.

Rekabeti yenmek için Porter'ın Beş Kuvveti

Porter'ın Beş Kuvveti bir sektörün çekiciliğini belirler. Varsayım, şirketlerin kar elde etme veya kaynakları ele geçirme yetenekleriyle ölçülen bir rekabet avantajı aradıklarıdır. Bu beş güç şunlardır: potansiyel girenler (pazara girip tehdit oluşturabilecek olanlar), ikame ürünler (doğrudan rekabet halindeki ürünler), müşteriler ve distribütörler ile tedarikçiler (hepsi pazarlık gücüne sahiptir).

ÖZET

- İş Modeli Kanvası, *İş Modeli Üretimi* kitabından alınmıştır: Alexander Osterwalder ve Yves Pigneur tarafından 2011 yılında birlikte yazılan *A Handbook for Visionaries, Game Changers and Challengers* adlı kitaptan alınmıştır.

- Kullanımı çok kolay ve doğrudan uygulanabilir pratik bir modeldir. Şirket hiyerarşisindeki tüm seviyeleri içerir, ancak büyük işletmelerden ziyade yeni başlayanlar için daha uygundur.

- Matris, müşterilere sağlanan değer önerisine dayanmaktadır. Kanvası oluşturan dokuz blok birbiriyle örtüşür ve iş modeli bunlar arasında yaratılan sinerjiler kullanılarak geliştirilir:

  - anahtar faaliyetler

  - anahtar ortaklıklar

  - anahtar kaynaklar

  - müşteri segmentleri

  - kanallar

  - müşteri ilişkileri

  - değer önerisi

  - maliyet yapisi

  - gelir akışları.

- Yapışkan notların kullanımı yaratıcılığı teşvik eder çünkü bir atölye çalışması sırasında serbestçe hareket ettirilebilirler. Bu, şirketin değer yaratımı üzerine düşünen farklı katılımcıları içerir. Amaç, somut ve doğrudan uygulanabilir bir planın hayata geçirilmesi için alınması gereken çeşitli önlemlerin farkında olmaktır.

- Yazarlar birkaç önemli tavsiyede bulunmaktadır: sürecin meşruiyetinin sağlanması, modele genel bir bakışın vurgulanması, tartışmalara liderlik edecek bir arabulucunun düşünülmesi, mevcut durumun envanterinin çıkarılması ve projenin hayata geçirilmesinden sorumlu kişilerin belirlenmesi.

- Kitapçı örneğinde gördüğümüz gibi, müşteri ilişkileri ve değer önermeleri bu kanvasın temelini oluşturmaktadır. Ancak yazarlar, iş liderlerini fazla yaratıcı olmaktan korkmamaları, BMC'nin tasarımına mümkün olduğunca çok kişiyi dahil etmeleri ve sıfırdan başlamak yerine zaten bildiklerini başlangıç noktası olarak almaları konusunda uyarıyor, çünkü bu tutarlılık konusunda ciddi sorunlara neden olabilir.

- Yine de bu aracın stratejik ve rekabetçi yönleri kapsamaması gibi bazı sınırlamaları vardır. Bir iş planı ile birlikte kullanılması hiçbir detayın unutulmamasını sağlayacaktır.

DAHA FAZLA OKUMA

KAYNAKÇA

Créativité.net (2016) *Business Model - Nouvelle Génération: Un guide pour visionnaires, révolutionnaires et challengers d'Alexander Osterwalder et d'Yves Pigneur.* [Çevrimiçi]. [Erişim tarihi: 20 Temmuz 2015]. Erişim adresi: < http://www.creativite.net/business-model-nouvelle-generation-alexander-osterwalder-yves-pigneur/>

Kotler, P., Keller, K. ve Manceau, D. (2012) *Pazarlama Yönetimi.* 14. baskı. Paris: Pearson.

Menin-Urien, G. (2012) 2013, action commercial - Conseil 6 : apportez de la valeur ajoutée! *Le Blog du Manager commercial.* [Çevrimiçi]. [Erişim tarihi 20 Temmuz 2015]. Erişim adresi: < http://www.management-commercial.fr/2012/12/21/2013-quelle-action-commerciale-apportez-de-la-valeur-ajoutee/>

My-Business-Plan.fr (2013) *Philippe Mouricou vous dit tout sur le Business Model Nouvelle Génération.* [Çevrimiçi] [Erişim tarihi: 8 Temmuz 2015]. Erişim adresi: < http://www.my-business-plan.fr/interview-philippe-mouricou-business-model>

Osterwalder, A. ve Pigneur, Y. (2010) *İş Modeli Üretimi: Vizyonerler, Oyunu Değiştirenler ve Meydan Okuyanlar için El Kitabı.* Hoboken, New Jersey: John Wiley & Sons.

UCM (2016) *Le Business Model Canvas. İşletmeler için strateji aracı.* [Çevrimiçi]. [Erişim tarihi: 8 Temmuz 2015]. Erişim adresi: <http://www.ucm.be/Entreprendre/

Le-Business-Model-Canvas-Un-outil-strategique-pour-
l-entreprise>

Lozan Üniversitesi (2016) Yves Pigneur. *Facultés des Hautes Études Commerciales*. [Çevrimiçi]. [Erişim tarihi: 20 Temmuz 2015]. Erişim adresi: < https://hec.unil.ch/people/ypigneur>

EK KAYNAKLAR

İş Modeli Kanvası web sitesi: http://www.businessmodel-generation.com/canvas/bmc

Alexander Osterwalder web sitesi: http://alexosterwalder.com/

VİDEOLAR

İş Modeli Kanvası Açıklaması. (2011) [Video]. Şu adresten erişilebilir: < https://youtu.be/QoAOzMTLP5s>

Osterwalder İş Modeli Kanvasını açıklıyor. (2012) [Video]. Şu adresten erişilebilir: < https://www.youtube.com/watch?v=RzkdJiax6Tw>

Sizden haber almak istiyoruz!
Çevrimiçi kütüphaneniz hakkında yorum bırakın
ve favori kitaplarınızı sosyal medyada paylaşın!

Yayıncı, yayınlanan bilgilerin güvenilirliğini garanti eder,
ancak sorumluluğunu üstlenemez.

Ana ISBN: 9782808600545
Kağıt ISBN: 9782808601993
Yasal depozito: D/2022/12603/200

Dijital tasarım: Primento,
yayıncıların dijital ortağı.